Vente des Vendredi 21 et Samedi 22 Février 1873

SALLE N° 8.

OBJETS D'ART

ET DE CURIOSITÉ

DE LA RENAISSANCE

TABLEAUX

Provenant d'une Collection célèbre

EXPOSITIONS

PARTICULIÈRE	PUBLIQUE
Le Mercredi 19 Février 1873	*Le Jeudi 20 Février 1873*

COMMISSAIRE-PRISEUR	EXPERT
Me CHARLES PILLET	M. CHARLES MANNHEIM
10, rue de la Grange-Batelière	7, rue Saint-Georges

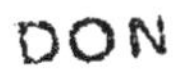

CATALOGUE

D'UNE INTÉRESSANTE RÉUNION

OBJETS D'ART

ET DE CURIOSITÉ

DE LA RENAISSANCE

Bronzes d'art; Sculptures en marbre; Terre cuite;
Bois; Ivoire; Cire, etc.; Terres émaillées de Lucca della Robbia;
Faïences italiennes; Peintures sur verre du XVe siècle;
Émaux de Limoges; Statuettes du XIIIe siècle; Orfèvrerie;
Plaquettes d'orfèvre; Médailles;
Cuivres gravés de l'Orient; Médaillons par Nini;
Objets Variés.

TABLEAUX ANCIENS

DES ÉCOLES ITALIENNE ET HOLLANDAISE

Provenant en grande partie d'une Collection célèbre

ET DONT LA VENTE AUX ENCHÈRES PUBLIQUES AURA LIEU

HOTEL DROUOT, SALLE N° 8

Les Vendredi 21 et Samedi 22 Février 1873

A DEUX HEURES PRÉCISES

Par le ministère de Me **CHARLES PILLET**, Commissaire-Priseur,
10, rue de la Grange-Batelière.

Assisté de M. **Charles MANNHEIM**, expert, 7, rue Saint-Georges,

---

EXPOSITIONS { *PARTICULIÈRE :* le *Mercredi* 19 *Février* 1873.
PUBLIQUE : le *Jeudi* 20 *Février* 1873.

CONDITIONS DE LA VENTE.

Elle sera faite au comptant

Les adjudicataires payeront *cinq pour cent* en sus des enchères.

L'exposition mettant le public à même de se rendre compte de l'état des objets, il ne sera admis aucune réclamation une fois l'adjudication prononcée.

Paris. — Typ. Pillet fils aîné, rue des Grands-Augustins, 5.

ORDRE DES VACATIONS

Le Vendredi 21 Février 1873

Bronzes de la Renaissance	1	à	27
Plaquettes d'Orfèvres	28	—	40
Médailles	41	—	61
Sculptures	62	—	116

Le Samedi 22 Février 1873

Médaillons par Nini	117	—	121
Terres émaillées	122	—	123
Faïences italiennes	124	—	138
Objets variés	139	—	166
Cuivres gravés	167	—	171
Objets variés de l'Orient	172	—	183
Tableaux	184	—	168
Miniatures	199	—	201

DÉSIGNATION DES OBJETS

BRONZES ITALIENS DE LA RENAISSANCE

1 — Groupe. — Enfant monté sur un escargot qu'il semble diriger. La figure principale de ce beau groupe, conçue dans l'esprit de quelques caricatures antiques, est attachante malgré sa difformité, la tête est remplie d'intelligence et de finesse. Attribué à Tullio Lombardo. — Collection Eugène Piot. — Haut. 38 cent.

2 — Deux Statuettes. — 1° Hercule debout, portant la peau du lion sur son bras gauche et les restes de sa massue dans sa main droite placée derrière lui. — 2° Vulcain debout et forgeant. Bronzes italiens du xvie siècle, sur socles en marbre. — Haut. sans socles, 38 et 44 cent.

3 — Gladiateur combattant, d'après l'antique. Bronze italien de la fin du xvie siècle. Sur socle en marbre brocatelle d'Espagne. — Haut. totale, 43 cent.

4 — Démosthènes. — Figure assise. Belle fonte florentine du xvie siècle, ciselée avec le plus grand soin. — Haut., 35 cent.

5 — Statuette d'Ange debout portant un flambeau de ses deux bras étendus. Les ailes manquent. Bronze italien du xvie siècle. — Haut. 31 cent.

6 — Figure d'Athlète debout, le bras droit étendu. Bronze italien d'une grande légèreté de fonte. xvie siècle. — Haut., 47 cent.

7 — Statuette de Persée tenant la tête de Méduse de sa main gauche. Bronze italien du xvie siècle. — Haut., 19 cent.

8 — Statuette d'adolescent debout, les bras croisés au-dessus de sa tête ; sur socle en marqueterie du temps de Louis XIV. — Haut. sans socle, 21 cent.

9 — Tête laurée d'empereur romain. Bronze italien de style antique. — Haut., 16 cent.

10 — La Charité, figure debout, drapée. Fonte vénitienne des premières années du xvie siècle. — Haut., 19 cent.

11 — Jeune Satyre accroupi sur une base triangulaire et portant un tronc d'arbre, destiné à servir d'encrier. Bronze doré. xvie siècle.

12 — HAUT-RELIEF de forme ovale. — La tête de saint Jean. Bronze italien du XVIe siècle.

13 — ANDREA RICCIO DE PADOUE. — La mise au tombeau. Bas-relief d'un grand caractère et d'une très-belle exécution. — Haut., 11 cent.; larg., 17 cent.

14 — LE CHRIST mort, vu à mi-corps et soutenu par deux saintes femmes. Petit bas-relief rectangulaire en bronze doré.

15 — DEUX BEAUX MÉDAILLONS RONDS. — Hauts-reliefs représentant saint Jean et saint Sébastien vus à mi-corps. Ouvrage italien des premières années du XVIe siècle. — Diam., 21 cent.

16 — ANIMAL FANTASTIQUE en bronze. XVIe siècle. — Long., 15 cent.

17 — BAS-RELIEF de forme rectangulaire en fonte. Le martyre de saint Sébastien, d'après un bronze italien de la fin du XVIe siècle. — Haut., avec cadre, 37 cent.; larg., 27 cent.

18 — BAS-RELIEF ROND en bronze. — Deux personnages vêtus à l'antique devant un autel voué à Minerve. Travail italien du XVIe. — Diam., avec cadre, 16 cent.

19 — BAS-RELIEF ROND. — Paysage avec figures ; sujet tiré de la Fable. Au bas un cartouche est réservé pour re-

cevoir une inscription. xvie siècle. — Diam., avec cadre, 19 cent.

20 — Petit Buste d'enfant bacchant. — Fonte italienne du xvie siècle d'après l'antique. — Haut., 17 cent.

21 — Écritoire supportée par trois figurines de génies. Le couvercle est surmonté d'un génie assis. Italie, xvie siècle.

22 — Écritoire triangulaire sur pieds à mascarons et frise décorée d'ornements en relief. Le couvercle est décoré de feuilles. — Italie, xvie siècle.

23 — Petite figurine d'Amour debout, portant des fleurs. Bronze italien du xvie siècle. — Haut., 11 cent.

24 — Très-petit buste de philosophe grec. Bronze antique. — Haut., 6 cent.

25 — Modèle de Lampe antique en bronze.

26 — Deux petits bustes en bronze sur socles en marbre. Molière et Corneille.

27 — Brule-parfums en bronze à trépied, sur socle marbre.

PLAQUETTES D'ORFÈVRES

28 — Le Christ mort, entouré des saintes femmes ; plaque carrée.

29 — La Vierge debout dans une niche entourée de nombreuses figures d'anges. Plaque carrée provenant d'un baiser de paix.

30 — Saint Jérôme debout en contemplation.

31 — Judith et sa servante emportant la tête d'Holoferne. Composition d'Andrea Mantegna.

32 — Le sacrifice du porc. Scène antique.

33 — Femme nue agenouillée. Très-haut relief ; plaque carrée.

34 — Le Char de la religion, entouré des figures de la Foi, de l'Espérance et de la Charité. Plaquette oblongue.

35 — Jeunes hommes nus combattant un taureau. Plaque ronde.

36 — Mucius Scevola. Sujet de style antique. Plaque de forme contournée en bronze doré, signée IO.F.F.

37 — Le martyre de saint Sébastien. — Plaquette rectangulaire d'une exécution très-soignée.

38 — Hercule et le lion de Némée. Plaquette rectangulaire.

39 — Scène de bacchanale de style antique. Plaque ronde en métal de cloche.

40 — Deux plaquettes en étain. — Le Christ mort, soutenu par des anges et médaillon ovale, sujet de chasse au lion, d'après Valerio-Vincentinus.

MÉDAILLES

41 — HIERONIMA. SACRATA. MDLV. — Son buste à droite. Au-dessous la lettre P. Médaillon sans revers; très-belle épreuve.

42 — FRANCESCO. DA. SANGALLO. SCULTORE. ARCHITETO. FIOR. Buste à longue barbe à gauche; dans le champ et en creux : MDL. ℞ Un chien auprès d'un terme.

43 — D. ISOTTAE. ARIMINENSI. Son buste à droite. ℞ Éléphant passant; au-dessous : M. CCCCXLVI.

44 — IOHANNES. ALOISIVS. TVSCANVS. ADVOCATVS. Son buste à gauche. ℞ Dans une couronne de lauriers : PREVENIT. AETATEM INCENIVM PRECOX.

45 — SIGISMONDVS.P. D. MALATESTIS. S.R.ECL. C. GENERALIS. Son buste à gauche. ℞ Casque à cimier surmontant un chiffre, et au-dessous : M. CCCC. XLVI.

46 — HIERONYMVS. SAV. FER. VIR. DOCTISS. ET. PROPHE. SANTISMVS. Buste à gauche. ℞ Vue de ville ; au-dessus un bras armé d'un poignard : GLADIVS. DOMINI. SVP. TERAM. CITO. ET. VELOCITER.

47 — SANS VARIER. Buste de femme à gauche (Anne Compaing, femme de Pierre Briçonet). Médaillon sans revers.

48 — MAXIMIL : II : AVG : IMP : CAES : Son buste tourné à droite. Sans revers.

47 — ALFONSVS. FERD. DVX. CALABRIE. Son buste de trois quarts. ℞. Prise d'une ville. En creux, NEAPOLIS VICTRIX.

50 — Plaque carrée. — Portrait en relief d'Ange Politien. Travail du xve siècle.

51 — IMAGO. ALBERTI. DVRERI. AETATIS. SVAE. LVI. Tête de profil à droite. ℟. Écusson armorié. INGLITA. VIRTVS. M. D. XXVII.

52 — IOANNES. BENTIVOLVS. II. BONONIENSIS. Son buste à droite. ℟. MAXIMILIANI. IMPERATORIS. MVNVS. MCCCCL. XXXXIIII.

53 — MARCVS. ANTONIVS. MEMMO DVX. VENETIARVM. Son buste à droite. Médaillon sans revers conservant des traces de dorure et signé : G. DVPRE. 1612.

54 — MICHAEL. OTT. DE. ACHERTINGEN. DIV. MAXIMI. ANI. ET. CAROLI. Son buste à droite. MDXXII — ETA. XLIII. ℟. Armoirie et légende.

55 — P. MARCVS. A. S. FRANC. VENET. CARM. EXSC. ORAT. SAC. EXIM. ÆT. XXXVI. Son buste à droite. Signé : SELVI. ℟. DOCTRINA. ET. ELOQVIO. DE. FONTIBVS SALVATORIS. — A. CIↃ. IↃ. CCXLVIII. FLORENTIAE.

56 — Deux grands médaillons par Varin. — CN. POMPEIVS MAGNVS et M. TVL. CICERO.

57 — D. GVIDO. GRANDVS. ABBAS. CAMALD. MATHEM. PIS. VNIV. Son buste à droite. ℟. Attributs de sciences. EYPHKA. INVENI. IN. MDCCXXXVIII. A. SELVI.

58 — DOMINICO. DE. DAVALO. Son buste à droite. ℟. usé.

59 — ALEXANDER. VIII. OTTHOBONVS. VENETVS. PONT. MAX. Son buste à gauche. ℟. Monument funéraire et longue inscription.

60 — FR. SFORTIA. VICE. COMES MLIDVXIIII BELLI PATER ET PACIS AVTOR MCCCCLVI. Son buste à droite. V. F. ℟. GALEAZ. MARIA SFORTIA. VICE. COMESIR. SFORTIAE. ILLIDV-CIS. IIII PRIMOCEI. IS. Son buste à gauche. V. F. MCCCCLVIIII.

61 — Deux Médailles : l'une du pape Clément VII ; l'autre, moderne dorée.

SCULPTURES

62 — Terre cuite. — Modèle du groupe de Jean de Bologne représentant Ferdinand relevant la ville de Pise après la peste qui la décima. — Haut., sans socle, 66 cent. Sur le socle en marbre se trouvent les inscriptions suivantes :

Ferdinandi. Etruriae
Magni. Duc.
Pisanam. Urb.
Erigen.

Joannis
Bononia
Belgae
Aetypusrch
Signi.

A Petro
Francavilla
Marm. Red.
Pisisq. Pos.
M. D. L. XXXXIIII

63 — ~~Terre cuite~~. — Buste de femme, grandeur nature, vêtue d'un riche costume, rehaussé de couleur. Le socle porte le nom : Joanna Albiza. MCCCCIX. — Haut., 53 cent.

64 — Terre cuite. — Buste de Raphaël, grandeur nature portant au revers le nom de Lorenzetto. — Haut., 59 c.

65 — Terre cuite. — Groupe. Sainte Justine assise, tenant près d'elle une licorne. Ouvrage italien du xvie siècle. — Haut., 53 cent.

66 — Terre cuite. — Statuette de sainte Madeleine en prière. — Haut., 58 cent.

67 — Marbre blanc. — Statuette de vierge debout dans l'attitude de la contemplation. Ses vêtements portent des traces d'un décor d'or. France, xve siècle. — Haut., 51 cent.

68 — Marbre blanc. — Statuette de vierge incomplète (la tête et les bras manquent). Premières années du xvie siècle. — Haut., 55 cent.

69 — Pierre. — Statuette de vierge debout couronnée. Elle porte des traces de peinture. Première moitié du xvie siècle. — Haut., 72 cent.

70 — Marbre blanc. — Petite statuette de vierge debout, tenant l'enfant Jésus sur son bras gauche. Cette dernière figure est incomplète. Derniéres années du xve siècle.

71 — Marbre tendre. — Petit modèle de sarcophage, orné de mascarons, d'aigles et de festons de fruits et portant à ses extrémités deux écussons fleurdelisés en couleurs et or. Il est surmonté d'un squelette couché. Italie, xvie siècle. — Haut., 17 cent.; larg., 27 cent.

72 — Marbre blanc. — Médaillon ovale sculpté en bas-relief. Tête de Christ; dans un cadre carré en bois peint. xvie siècle. — Haut., 14 cent.; larg., 12 cent.

73 — Terre cuite. — Buste de vierge. Ouvrage milanais dans le style de Luini. — Haut., 45 cent.

74 — Bois. — Reliquaire formé d'une tête de femme en bois sculpté et peint. Ouvrage français du xvie siècle. — Haut., 48 cent.

75 — Bois de Chêne. — Figure de femme debout, les mains jointes, vêtue d'un riche costume du xvie siècle. France, xvie siècle. — Haut., 75 cent.

76 — Bois. — La Vierge debout et drapée tenant son divin fils assis sur son bras gauche. Flandres. Première moitie du xvie siècle. — Haut., 50 cent.

77 — Bois. — Grande et belle sculpture en haut-relief représentant l'adoration des Rois mages. Composition d'un grand nombre de figures en riches costumes du xvie siècle. — Ouvrages milanais de la seconde moitié du xvie siècle. — Haut., 57 cent.; larg., 1 mètre 22 cent.

78 — Cire. — Haut-relief représentant la mort de la Vierge ; composition d'un grand nombre de figures. Attribué à Lorenzo Ghiberti. — Haut., 40 cent. ; larg., 33 cent.

79 — Marbre blanc. — Bas-relief de forme rectangulaire. L'adoration des Mages. xviie siècle. — Haut., 41 cent. ; larg., 65 cent.

80 — Cire peinte. — Figure de Cosme III de Médicis agenouillé. Bas-relief rehaussé de couleurs et d'or. — Haut., 59 cent. ; larg., 66 cent.

81 — Cire peinte. — Portrait de femme vue à mi-corps et portant le costume hollandais du xvie siècle. Dans un cadre fermant, en bois noir.

82 — Cire blanche. — Buste de femme de profil et tournée à gauche, portant la signature MASTRELLINI et la date de 1784. Cadre en bois noir.

83 — Terre cuite antique. — Vase funéraire provenant d'un tombeau de Camouse. — Tête de femme ornée d'une couronne de feuilles et de fleurs et parée de boucles d'oreilles. Cette tête, du plus beau style Grec, et plus grande que nature, est surmontée d'une figurine de femme drapée et ailée qui verse des arômes dans une coupe ; de chaque côté, on voit une petite tête de femme couronnée de feuillages et entée dans un fleuron. — Peinture blanche, verte et rouge.

Tous les détails de ce vase remarquable sont dans un état de conservation parfaite et n'ont subi aucune restauration, ce qui est fort rare pour les monuments de ce genre. — Haut., 73 cent.

84 — Marbre blanc. — Buste antique de jeune homme, grandeur nature. Beau travail.

85 — Marbre tendre. — Haut-relief. — Jeune femme couchée, à demi nue et endormie dans un paysage. Travail allemand, très-soigné du xvie siècle. — Haut., 23 cent.; larg., 30 cent.

86 — Pierre calcaire. — Stèle égytienne de forme arrondie, portant sculptés en creux, des figures et des hiéroglyphes rehaussés de couleurs. Cadre en bois noir. — Haut., 48 cent.; larg. 27 cent.

87 — Ivoire. — Petit diptyque sculpté en bas-relief. Sur le volet gauche, l'Adoration des Mages, sur le volet droit, le Christ en croix entouré des Saintes Femmes. Ces scènes sont placées sous des arceaux gothiques. Travail français du xve siècle.

88 — Ivoire. — Volet de diptyque sculpté en bas-relief: la Vierge debout tenant son divin fils sur son bras gauche, et placée entre deux figures d'anges tenant des cierges. Cette scène est placée sous des arceaux gothiques. Travail du xve siècle.

89 — Ivoire. — Gros grain de chapelet composé de trois

bustes en ronde bosse, l'un d'eux est couronné. Cette pièce était complétée par un buste de squelette qui manque. Travail allemand, du XVIe siècle.

90 — IVOIRE. — Grain de chapelet composé d'une tête de mort et d'une tête de cadavre, XVIe siècle.

91 — IVOIRE. — Volet de diptyque offrant le sujet de l'adoration des Mages, sculpté en bas-relief. Allemagne, XVIe siècle.

92 — IVOIRE. — Deux Médaillons ovales sculptés en bas-relief. — Buste de Claude Lorrain, et d'un personnage inconnu, portant le costume de la fin du XVIe siècle.

93 — IVOIRE. — Râpe à tabac à figure d'avare, mascarons, attributs et ornements sculptés en bas-relief. La boîte est montée en argent. Epoque Louis XIV.

94 — IVOIRE. — Deux pièces : Buste d'homme sans fond et tête d'enfant.

95 — IVOIRE. — Plaque carrée offrant sur chacune de ses faces, une figure accroupie et des ornements sur fond repercé à jour : Travail indien.

96 — Peigne en corne entouré, sur trois de ses côtés, d'ornements repercés à jour et offrant à sa partie supérieure un sujet de chasse, finement découpé, appliqué sur un fond d'étoffe et rehaussé de couleurs et d'or. Allemagne, XVIIe siècle.

97 — Bois. — Bas-relief rond sur plaque carrée. — Ecusson armoriée et inscription : Waldreich zur Ehrenport.

98 — Ivoire. — Statuette de Vierge debout portant l'enfant Jésus sur son bras gauche. Travail espagnol. — Haut. 27 cent.

99 — Ivoire. — Bas-relief moderne. — Cavalier en costume Louis XIII.

100 — Bois. — Médaillon rond sculpté en bas-relief. Buste de femme de trois quarts en costume du XVIe siècle, portant l'inscription : IACABA. H. IN. BAIRN. — Diam., 57 mill.

101 — Bois. — Médaillon rond sculpté en bas-relief. — Buste de femme de profil à droite. Au revers on lit : Maria. Regina Ungare. — Diam., 53 mill.

102 — Bois. — Buste d'homme, tête de profil à gauche, en riche costume du XVIe siècle. Bas-relief sans fond appliqué dans un médaillon rond. — Diam., 42 mill.

103 — Bois. — Deux bustes d'hommes conjugués, de profil et tournés à gauche, en costumes du XVIe siècle. Bas-relief sans fond appliqué dans un médaillon rond. — Diam., 48 mill.

104 — Bois. — Médaillon rond. — Buste de femme sculpté

en bas-relief, tête de profil à gauche, xvie siècle. — Diam., 77 mill.

105 — Bois. — Buste d'homme, tête de trois quarts. — Bas-relief, sans fond, appliqué dans un médaillon rond. — Diam., 50 mill.

106 — Bois. — Buste de femme de profil à gauche. — Bas-relief sans fond appliqué dans un médaillon rond. — Diam., 50 mill.

107 — Bois. — Médaillon rond. — Buste d'homme en bas-relief; tête de profil à gauche. Dans un cadre en bois noir. — Diam., sans cadre, 60 mill.

108 — Bois. — Médaillon ovale, sculpté en haut-relief. — Buste d'homme de trois quarts, coiffé d'une toque. D'après une inscription allemande collée au revers, le personnage serait Lorentz Coster de Harlem. Cadre carré en bois noir. — Haut., 70 mill.

109 — Bois. — Buste de femme de profil à gauche et portant un casque. — Bas-relief, sans fond appliqué dans un médaillon rond, xvie siècle. — Diam., 9 cent.

110 — Bois. — Bas-relief ovale représentant un groupe de figures vues à mi-corps. La toilette de Vénus? Dans le champ un monogramme inconnu, Allemagne, fin xvie siècle. Dans un cadre en bois noir. — Haut., sans cadre, 87 mill.; larg., 72 mill.

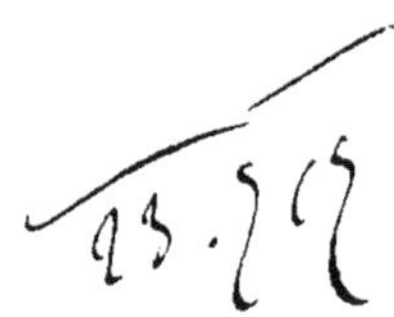

111 — Bois. — Petite statuette de Madone portant son divin fils sur le bras gauche, rehaussée de couleurs et d'or, XVIe siècle. — Haut., 8 cent.

112 — Terre cuite. — Petite statuette de Madone debout. Espagne, XVIe siècle. — Haut., 98 milli.

113 — Bois. — Petit bas-relief rectangulaire repercé à jour, sujets religieux. Travail gréco-russe. — Haut., 58 mill. ; larg., 42 mill.

114 — Bois. — Petit coffret rectangulaire, décoré de rosaces gothiques finement sculptées et découpées à jour sur fond de couleurs variées. XVe siècle.

115 — Bois. — Deux Médaillons ronds. — Portraits d'homme et de femme sculptés en bas-relief, XVIIe siècle. — Diam., 17 cent.

116 — Cire peinte. — Buste de femme, Marie Tudor, en riche costume du XVIe siècle. — Bas-relief, placé dans un médaillon ovale, en fer gravé et doré, avec attache en cuivre ciselé, XVIe siècle.

TERRES CUITES PAR NINI

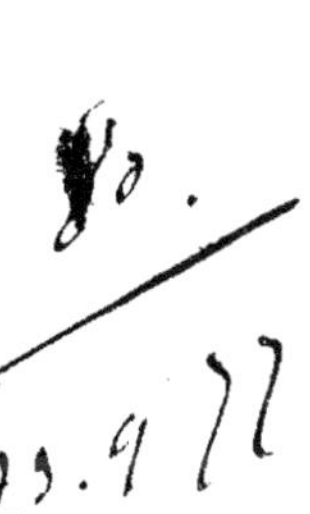

117 — Deux Médaillons ronds : Bustes en bas-relief de Louis XVI et de Marie-Antoinette. Ludovicus XVI, Rex Christianissimus ; Maria Antonia. Arc. Aust. Gallorum Regina. Ce dernier est signé J. B. Nini F. 1777. — Diam., 12 cent.

118 — Grand Médaillon rond : Buste en bas-relief, de profil et tourné à gauche, de l'impératrice Catherine II de Russie. Signé J. B. Nini F. 1771. — Diam., 165 mill.

119 — Médaillon rond. — Buste en bas-relief, de profil et tourné à gauche, de Marie-Thérèse d'Autriche. M.T. DG. Rom. Imp. Ger. Hung. et. Boh. Re. Ar. Aus. Signé J. B. Nini. 1769. — Diam., 11 cent.

120 — Médaillon rond. — Buste de femme en bas-relief, de profil et tourné vers la gauche ; personnage inconnu. Signé J. B. Nini. — Diam., 16 cent.

121 Médaillon rond. — Buste de Franklin, de profil à gauche. B. Franklin. Americain. Signé Nini 1777. — Diam., 12 cent.

TERRES ÉMAILLÉES DE LUCCA DELLA ROBBIA

122 — Petit bas-relief carré. — La Vierge tenant l'Enfant Jésus entre ses bras, deux têtes de chérubins dans le haut. Relief peu saillant modelé avec une très-grande délicatesse. Les chairs non émaillées, les draperies et le fond émaillés blanc et bleu. — Haut., 30 cent.; larg., 25 cent.

123 — Buste du Christ ; les chairs sont réservées en terre cuite. Les draperies sont émaillées violet et bleu. Figure d'un beau style. — Haut., 38 cent.

124 — Fabrique de Faenza. — Grand et beau plat rond représentant au centre une pieta : le Christ mort est étendu sur les genoux de sa mère, accompagnée de deux saintes femmes. Ornements en camaïeu bleu au bord, sur fond jaune d'ocre. — Diam., 41 cent.

125 — Même fabrique. — Charmant petit plat rond, décoré au centre d'une figure de génie debout, tenant une banderole, et au bord, de grotesques et de cornes d'abondance en camaïeu bleu sur fond jaune d'ocre. — Diam., 24 cent.

126 — Même fabrique. — Beau plat rond et creux sans bord, offrant au centre les bustes conjugués d'une impératrice et d'un empereur romains. Décor de grand style. Premières années du XVIe siècle. — Diam., 38 cent.

127 — Fabrique d'Urbino. — Petit plat forme dite *cuppa amatoria*, décoré de dauphins, d'oiseaux fantastiques et d'une tête de chérubin en camaïeu sur fond bleu et offrant au centre une tête de jeune homme. — Diam., 24 cent.

128 — Même fabrique. — Belle plaque ronde bordée d'un tore de feuillages et de fruits ; au centre écusson d'armoirie sur fond noir. Peinture d'un beau caractère, portant la date de 1522. — Diam., 28 cent.

129 — Même fabrique. — Belle coupe d'accouchée avec couvercle; pièce de forme élégante, peinture d'une finesse remarquable.

130 — Même fabrique. — Coupe basse sur piédouche, décor arabesques sur fond bleu. Travail moderne. — Diam., 28 cent.

131 — Même fabrique. — Plaque carrée. — Portrait d'un doge de Venise. — Haut., 20 cent.; larg., 16 cent.

132 — Fabrique de Forli. — Deux jolis flambeaux de forme surbaissée, dite vénitienne, décorés de trophées d'armes, de mascarons et d'ornements en camaïeu bleu rehaussé de blanc sur fond bleu foncé. Quoique différents de dessin, ces deux pièces peuvent se faire pendant. — Haut., 17 cent.

133 — Fabrique italienne. — Deux buires de forme très-élégante, à anse à mascaron en terre émaillée brun foncé relevée de détails émaillés blanc. Ces pièces sont remarquables par leur extrême légèreté. — Haut., 37 cent.

134 — Fabrique de La Frata. — Deux fragments de coupes, l'un d'eux décoré d'un buste d'homme.

135 — Fabrique iatlienne. — La Charité. — Groupe en terre émaillée, composé de quatre figures. Fin du xvie siècle. — Haut., 35 cent.

135 — Fabrique de Pavie. — Plat rond à ornements et animaux gaufrés en relief et offrant au centre un écusson armorié surmonté d'un chapeau de cardinal; le tout émaillé brun.

Ce plat porte les inscriptions suivantes :

ANIMA NOSTRA. SICVT. PASSER EREPTA.
EST. DELAQVEO. VENANTIVM.
PRESBYTER. ANTONIVS. MARIA. CVTIVS.
PAPIENSIS. 1687.

Au revers, la même date de 1687 et le nom : PAPIAE. — Diam., 39 cent.

137 — Fabrique de Castelli. — Deux petites assiettes décorées au centre de sujets champêtres et au bord de figures de génies. — Diam., 17 cent.

138 — Même Fabrique. — Deux petites assiettes décorées de paysages avec monuments et figures. Diam., 18 cent.

OBJETS VARIÉS

139 — Beau Tableau d'autel peint sur verre, en couleurs et or. — La Vierge, assise dans une chaire monumentale à frontons et colonnettes, tient son divin fils assis sur son genou gauche. Dans le champ on lit l'inscription suivante :

Regina cœli et terre mater omnium.

L'encadrement se compose de rosaces d'or. Au-dessus du sujet principal est un petit panneau de même travail.

Le revers en bois peint offre un écusson sur fond rouge. Monument du xive siècle, rare par ses dimensions et bien conservé. — Haut., 31 cent.; larg., 16 cent.

140 — La Vierge vue à mi-corps tenant l'enfant Jésus sur son bras droit et placée entre les figures de sainte Anne et de sainte Catherine. Gravure au trait sur verre doré, de travail italien du xive siècle. Le sujet est placé entre deux plaques de verre juxtaposées de forme ronde. — Diam., 15 cent.

141 — Email de Limoges. — Beau couvercle de coupe. — Peinture en grisaille, chairs colorées sur fond noir et rehauts d'or, attribuée à Jean Courtois. — A l'extérieur, le triomphe de Bacchus. — A l'intérieur, quatre bustes séparés par des arabesques d'or. — Diam., 197 millim.

142 — Email de Limoges. — Autre beau couvercle de coupe. — Peinture en grisaille sur fond noir, chairs teintées et rehauts d'or, attribuée à Jean Courtois. — A l'extérieur, quatre bustes de femmes et de guerriers séparés par des cariatides se terminant en hermès et supportant un cartouche. Dans les entre-deux sont des oiseaux de variétés diverses. — A l'intérieur, quatre bustes séparés par des arabesques d'or. — Diam., 187 millim.

143 — Email translucide sur argent dit de basse taille. — Médaillon rond représentant sainte Madeleine agenouillée et en prière. Travail italien du xve siècle. — Diam., 49 millim.

144 — Petite Plaque de forme rectangulaire représentant une marche triomphale finement peinte en couleurs sur fond d'émail blanc. Travail italien du xvie siècle.

145 — Reliquaire simulant une chapelle gothique en argent doré à colonnettes ciselées et gravées et clochetons. Il offre sur sa face principale trois ouvertures destinées à recevoir les reliques et au revers les figures de trois saints finement gravées et portant chacun leur tête. Ces figures sont placées sous des arceaux en ogive et leur nom est gravé au-dessus de chacun d'eux. Précieux travail du xve siècle. — Haut., 20 cent.; larg., 13 cent.

146 — Bague juive en or à bossettes saillantes filigranées et portant des traces d'émail bleu dans les fonds. xvie siècle.

147 — Boite ronde en filigrane d'argent. Le bord du couvercle est festonné. Travail de Gênes. — Diam., 8 cent.

148 — Haut-relief sans fond en argent repoussé doré en partie. — Saint Bartholomée assis, tenant l'instrument de son supplice. Son siége, de forme rectangulaire, porte le nom du saint personnage réservé en argent

sur fond d'émail bleu translucide. Travail du xve siècle. — Haut., 17 cent.

149 — Calice en argent doré du xve siècle. Le nœud de forme aplatie est placé entre deux inscriptions gravées. Le pied offre trois écussons émaillés sur argent rapportés. — Haut., 18 cent.

150 — Deux Plaques provenant d'une châsse en argent repoussé en haut-relief et doré en partie. Chacune d'elles offre la figure d'un saint personnage debout. xve siècle. — Haut., 19 cent.; larg., 6 cent.

151 — Baiser de paix en forme de monument à pilastres en argent ciselé et doré en partie. Il offre à son centre la figure du Christ mort soutenue par deux saints personnages. Dans le cintre la figure du Père éternel a été rapportée. Cette pièce porte au revers la date de mdxxxvi. Ouvrage italien.

152 — Deux statuettes d'appliques en cuivre rouge doré, provenant vraisemblablement d'une châsse et représentant deux saints personnages debout. Ouvrage très-curieux des bords du Rhin. xiie siècle. — Haut., 14 cent.

153 — Statuette de saint évêque debout. Ouvrage d'applique en cuivre rouge, portant des traces de dorure. xve siècle.

154 — Navette à encens en cuivre repoussé et doré du

XIIIe siècle. Elle est enrichie de deux plaques rapportées émaillées en taille d'épargne à fond bleu et blanc. La poignée du couvercle est ornée d'une tête fantastique.

155 — Belle Plaque de serrure en bronze ciselé et doré, décorée de figures d'esclaves, de trophées d'armes et de vases. Italie, XVIe siècle.

156 — Salière à trois places en forme de coupe en argent repoussé à fleurs et fruits et surmontée d'une figurine d'enfant debout. Époque Louis XIII.

157 — Plaque carrée en fer à angles gravés à l'eau forte, à dauphins et ornements. Date de 1543.

158 — Divinité indienne en bronze doré à la feuille.

159 — Deux autres divinités analogues, mais plus petites.

160 — Oiseau dont le corps est formé d'une coquille; la monture est en argent doré découpé. Travail mexicain.

161 — Deux grands bras appliques en fer forgé à deux lumières, modèle à fleurs et feuilles. — Long., 63 cent.

162 — Deux Vitraux peints en grisaille du XVIe siècle. Figures de sybilles, vues à mi-corps et vêtues de costumes du XVIe siècle. — Haut., 57 cent.; larg., 45 cent.

163 — Porte-cannes en fer forgé de style Louis XIII.

164 — Porte-cannes analogue, mais plus petit.

165 — Coupe indienne en bronze doré à la feuille, sur pied mobile.

166 — Clef en bronze, imitation de l'antique.

CUIVRES GRAVÉS

167 — Coffret arabe du XIVe siècle, de forme carrée oblongue, couvercle à pans coupés, couvert d'inscriptions et de figures gravées.

168 — Grande coupe à piédouche, cuivre étamé, couverte d'arabesques très-finement ciselés. Travail persan.

169 — Autre coupe de même travail.

170 — Vase a couvercle, cuivre étamé gravé.

171 — Deux petits bassins en cuivre gravé; l'un d'eux conserve des traces d'incrustations d'argent.

OBJETS VARIÉS DE L'ORIENT

172 — Petite rondache en fer gravé à figures et ornements et rehaussé d'or sur fond bleui. Travail persan.

173 — Petite cloche en bronze. Travail chinois.

174 — Paire de ciseaux en fer bleui et doré à ornements repercés à jour.

175 — Couteau pliant à lame en damas damasquiné d'or et poignée garnie en morse.

176 — Poignard à lame courbe en damas; poignée et fourreau en argent doré en partie. Travail persan.

177 — Couteau à lame en damas et poignée en morse; fourreau en velours rouge garni en cuivre.

178 — Hache d'armes en fer bleui gravé et doré. Travail persan.

179 — Poignard avec manche et fourreau de même travail.

180 — Narguilhé en étain et cuivre gravé.

181 — Flacon de Kalian formé d'un œuf d'Autriche, garni en cuivre.

182 — Deux pièces : Bâton de derviche et petit couteau.

183—Deux pièces : Pelle en fer à manche d'ivoire et cuiller persane en bois découpé.

TABLEAUX

ÉCOLE ITALIENNE

184 — BORGOGNONE. — Volet de triptyque. — Saint évêque debout dans l'attitude de la bénédiction. Grisaille. Cadre en bois noir légèrement cintré à sa partie supérieure. — Haut., 85 cent. ; larg., 45 cent.

185 — FRANCIA. — Sainte Famille. — La Vierge assise, vue à mi-corps, vêtue d'un corsage rouge et d'un voile bleu, tient son fils nu assis sur ses genoux. A gauche, saint Pierre, coiffé de la tiare et tenant la crosse ; à droite, saint Paul. Cadre ancien en bois sculpté et doré. — Haut. totale, 92 cent. ; larg., 77 cent.

186 — SODOMA. — Deux tableaux dans un même cadre. — Scènes de visions ; intérieurs de chapelles. — Haut. totale, 44 cent. ; larg., 1 mèt.

187 — TITIEN (le). — Portrait d'homme, vu de trois quarts et à mi-corps, vêtu de noir, sur toile. Cadre en bois sculpté et doré. — Haut. totale 1^m,22 ; larg., 1^m,18.

188 — Beau portrait de femme en riche costume brodé d'or et guimpe blanche plissée. Elle tient un petit chien blanc dont on ne voit que la tête. xvie siècle. Cadre en bois noir et or avec dessins et fleurs de lis gravés. — Hauteur totale, 1m,02; largeur, 82 cent.

189—Beau portrait d'homme vêtu de rouge et coiffé d'une toque de même couleur. La tête, légèrement colorée, se détache sur un fond bleu azuré. xve siècle. Bordure d'ornements d'or de la Renaissance. Cadre à moulures en bois noir. — Haut., 63 cent.; larg., 48 cent.

190 — Partie de Predella. — Deux petits panneaux dans un même cadre : sur l'un, la vierge assise et en prières; sur l'autre, ange en adoration. — Haut., 20 cent.; larg., 24 cent.

191 — Petit triptyque. — La Vierge et l'enfant Jésus entourés d'anges. Dans le bas, le Christ mort entre deux saintes femmes. École de Sienne du xive siècle. — Haut., 73 cent.

192 — Portrait de femme vue à mi-jambes et vêtue de noir, sur bois. On lit au revers : *Vittoria Colonna, marquise de Pescaire, amie de Michel-Ange.* — Haut. sans cadre, 28 cent.; larg., 24 cent.

193 — Portrait d'homme vu à mi-corps et de trois quarts, vêtu de noir et d'une collerette et manchettes blanches. — Haut., 1m,23; larg., 95 cent.

ÉCOLES DIVERSES

194 — HOLBEIN. — Portrait du cardinal de Lenoncourt. Collection Colbert. Cadre en bois noir. — Hauteur, 33 cent. ; largeur, 26 cent.

195 — CORNEILLE (de Lyon). — Pendant du tableau qui précède. — Portrait de la marquise de Longvy, dame de Brion. Collection Colbert. Cadre en bois noir. — Haut., 33 cent. ; larg., 26 cent.

196 — Inconnu. — Tête de Christ sur panneau. — Hauteur, 50 cent. ; larg., 4[illegible] cent.

197 — PETER NEEF. — Intérieur d'église animé par quantité de figures, sur bois. Signé PN. 1621. — Haut., 54 cent. ; larg., 68 cent.

198 — DAVID TENIERS. — Deux anges agenouillés, tenant le saint suaire. Petit tableau sur cuivre. — Haut. sans cadre, 10 cent. ; larg., 13 cent.

MINIATURES

199 — JEAN FOUQUET. — Belle miniature sur vélin. — Le baiser de Judas. Dans un cadre doré. — Haut. sans cadre, 24 cent. ; larg., 16 cent.

200 — Pendant du précédent. — Pieta. — Le Christ mort sur les genoux de sa mère et entouré des saintes femmes. Jolie miniature sur vélin. Cadre doré. — Haut. sans cadre, 24 cent.; larg., 16 cent.

201 — Miniature sur vélin. — La Vierge, l'enfant Jésus et saint Jean, dans un paysage. Italie, xviie siècle. — Haut., 18 cent.; larg., 13 cent.

www.ingramcontent.com/pod-product-compliance
Ingram Content Group UK Ltd.
Pitfield, Milton Keynes, MK11 3LW, UK
UKHW020509180726
13839UKWH00004B/1998